DATING

para chicas con prisas

DATING

para chicas con prisas

GEORGINA GERÓNIMO
Y ANGÉLICA CARBONELL

zenith

Primera edición: septiembre de 2018

Zenith es un sello editorial de Editorial Planeta, S.A.
Avda. Diagonal, 662-664, 08034 Barcelona (España)
www.zenitheditorial.com
www.planetadelibros.com

Diseño de la cubierta: Planeta Arte & Diseño

ISBN: 978-84-08-19335-7
Depósito legal: B. 13931 – 2018
Fotocomposición: gama, sl.
Impresión y encuadernación: Macrolibros

Impreso en España – *Printed in Spain*

El papel utilizado para la impresión de este libro es cien por cien libre de cloro y está calificado como papel ecológico.

A todas las chicas solteras que hacen malabarismos con los huecos de sus agendas y que utilizan su falta de horas como excusa para no salir al mercado. Descubre que ligar es una cuestión de actitud y no de tiempo.

SUMARIO

Imagínate que tu vida ahora es como un móvil sin cobertura: todo lo que puedes hacer es borrar fotos de tu ex o jugar. Pues bienvenida al Juego del Flirteo. Antes de empezar la partida, lo único que debes saber es que no se gana ni se pierde. No hay reglas ni instrucciones en la caja, así que buscarlas es tan inútil como buscar el valor nutricional de una botella de vodka. No lo tiene, y punto. El objetivo es la diversión autodidacta (tranquila, que no te voy a colar frases trascendentales sobre la vida).

Cada casilla es una experiencia gracias a la cual avanzas, retrocedes, te estancas o recurres al comodín de «Llamar a un@ amig@». Te recomiendo que abandones todas las inseguridades en la casilla de «Salida». Verás que todas las citas son diferentes entre sí. En caso de acabar decepcionada, guárdate la carta de la «Experiencia»; nunca sabes cuándo la puedes necesitar.

Si accidentalmente caes en la casilla «Fantasmas del pasado», no te asustes, solo vuelve a tirar los dados y sigue avanzando. También encontrarás otras trampas como «Hoy me hundo en el mismo barco que Álex Ubago» o las peligrosas píldoras narcóticas con efecto placebo en formato libro de Nicholas Sparks, pero ¿qué es de un juego de mesa sin obstáculos?

Las comedias románticas están pensadas para hacer reír, y esta vez la protagonista eres tú, así que enhorabuena. Tienes un montón de peces esperando conocerte. ¿Estás lista para lanzar los dados?

Apto para chicas con prisas

CAPÍTULO 01

QUÉ TIPO DE LIGOTEO BUSCAS

Dime dónde has estado y te diré por dónde tirar

¿Qué sentido tiene lanzarte al mundo del dating como pollo sin cabeza? ¿Has pensado ya qué quieres, qué falló en el pasado, cómo eres, qué te gusta y qué no? Esta es la casilla de inicio. Todo empieza por conocerte y gustarte. Estás a punto de presenciar el Big Bang de tu vida amorosa.

¿QUÉ TIPO DE LIGOTEO BUSCAS?

01 **¿En qué lugares sueles tener flechazos?**

A En alguna fiesta en casa de amigos (barbacoas, copeos…). La cuestión es que la persona sea de un entorno social cercano.

B Lo mío es sentir fogonazos en donde sea y lanzarme a la acción.

C Cuando estoy de viaje.

D En la biblioteca, cafeterías, metro…; prácticamente en cualquier parte. Me quedo empanada imaginando una realidad paralela con un desconocido. Después, aterrizo y me voy a mi casa sin intentar el menor acercamiento.

---

02 **¿Cómo describirías los ligues que has tenido hasta ahora?**

A Típicos bonachones.

B Impulsivos.

C Internacionales.

D Mis ligues han sido tan variados como el porfolio de Johnny Depp: si me hacía caso, empezábamos a salir.

---

03 **¿Cómo actúas en una discusión?**

A No duermo tranquila hasta que hablamos del tema.

B Las peleas son intensas, pero las reconciliaciones lo son todavía más.

C Corto por lo sano, no me apetece pelear.

D Me callo lo que no me gusta, así que no suelo discutir.

---

04 **¿Cuánto tiempo duró tu última relación?**

A Más de dos años.

B Varios años. Pero cortábamos y volvíamos cada dos por tres.

C Un verano.

D No me di cuenta de en qué momento empezamos.

---

05 **Tu respuesta a «Eh, ¿qué tal con tu churri?», era:**

A Muy bien. Es un amor.

B Explicabas meticulosamente los percances de tu relación hasta a las abuelas del metro.

C Genial. Nos vemos una vez al mes. ¡Este finde voy yo!

D Bien, normal. Todavía no sé lo que quiere.

---

06 **¿Cómo se llevaban tus amigos con tu última pareja?**

A Genial. Se esforzaba un montón por gustarles.

B Fatal, tenían demasiada información como para que les cayera bien.

C Sin más. Casi ni hablaban el mismo idioma.

D Nunca se conocieron.

---

07 **¿Cómo terminó la última relación?**

A Ya no estaba enamorada.

B Mal, estoy destrozada.

C Lo dejamos por la distancia.

D Sigo sin saber si lo hemos dejado; un día dejó de contestar a mis mensajes.

Comprueba tus resultados:

A B C D RESULTADO

Llegó el momento de la verdad:

A Si la mayoría de tus respuestas son *a*, significa que necesitas un poco de chicha en tu vida. Tu última pareja era un cachito de pan, y te has quedado con ganas de echarle picante. Al principio te gustaba aquello de ir despacio, pero ahora te resulta tan desesperante como observar la patada de un astronauta. A partir de ahora, a ti que te den mambo.

B Si has marcado más la *b*, es que tu corazón está en proceso de reconstrucción. Justo allí tienes colocadas unas vallas con cinta amarilla, marcando el lugar donde se cometió el crimen. Buscas que traten con cariño esas piezas que quedan por recolocar. Eres reacia a conocer a gente nueva por si te vuelven a hacer daño. Lo tienes claro: mejor sola que mal acompañada. Tómate el tiempo que necesites, pero no olvides que ligar puede sentarte (muy) bien.

C Si, en cambio, eres más de *c*, te habrás dado cuenta ya de que eso de la distancia era mucho más complicado de lo que parecía; a ti lo del Skype no te pone. Quizá empezó como un amor de verano o mientras estabas de Erasmus, pero, ahora que lo has probado, ya no te resultan tan enternecedores los besos en el aeropuerto. Hay que bajarte la dosis de WhatsApp y subirte la de contacto físico.

D Por último, si eres de mayoría *d*, es que últimamente has estado enamorada de la idea del amor a cualquier precio. Te has conformado con lo que has encontrado y aun así no ha funcionado. Eres una chica que está *trying too hard*. Ahora quieres algo real con alguien real. ¡Felicidades, alma soñadora, porque ahora empieza lo bueno!

ANTES DE SALIR AHÍ FUERA,

conócete a ti misma

Está claro que las chicas con prisas como tú van aceleradas y no tienen demasiado tiempo para pararse a pensar, pero me gustaría que hicieras el ejercicio de ser sincera contigo misma. Si tienes este libro entre las manos es, o bien porque alguien cree que te van a salir telarañas ahí abajo de lo mucho que hace que no conoces a nadie, o porque tú misma tienes ganas de encontrar a alguien con quien pasar las horas. O quizá hay otra razón. Me gustaría que te preguntaras a ti misma por qué quieres adentrarte en el mundo del ligoteo y escucharas la respuesta. ¿En qué momento de tu vida te encuentras? ¿Te sientes bien contigo misma? ¿Y con los de tu alrededor? ¿Quieres a alguien a tu lado porque te sientes sola o porque la vida es más divertida cuando la compartes? Pregúntate siempre antes de dar pasos en falso y escucha las respuestas.

¿Alguna vez te has preguntado qué quieres? No lo que deberías querer, lo que socialmente es correcto querer o lo que tus padres, tus amigos, redes sociales y Disney se empeñan en hacerte querer. Seguramente no lo sabes, pero, entonces, ¿cómo vas a encontrarlo?

Esto no se trata de «Hoy me pongo a dieta, enseño escote y esta vez me verán diferente». ¡Error! Si quieres encontrar a alguien que encaje contigo, lo mejor es saber qué buscas para no perder el tiempo. El amor es como encontrar una red gratuita de wifi en plena calle el día que te has quedado sin datos: aparece cuando menos te lo esperas. Pero podrás identificarlo más fácilmente si sabes lo que estás buscando.

LO QUE ESPERO ENCONTRAR EN UNA PAREJA:

Una vez que tengas tu lista, vamos a ver por dónde empezamos a buscar.

CAPÍTULO 02

DÓNDE CONOCER GENTE Y QUÉ ESPERAR

La datingteca

Si entras en un restaurante chino, supongo que no pedirás una paella porque, aunque la tengan en la carta, sabes que te decepcionará. Si pones Wikipedia como fuente bibliográfica en un trabajo académico, seguramente no te lo aceptarán. Y si vas a Soria en pleno invierno con ropa de verano, estás más perdida que Wally. Cada lugar es apropiado para encontrar algo o a alguien.

TINDER

Cuando empezó el *boom* de las redes sociales parecía que todo era posible. La prueba está en que cualquier novata en internet en 2006 intentó ligar con Ashton Kutcher por MySpace. Hoy en día, ligar por Tinder equivale para algunos a comprar en AliExpress: el resultado no siempre se parece a lo que sale en la foto. Es verdad que existen muchos prejuicios con respecto a esta aplicación, y las más experimentadas lo corroboran.

Pero, ante todo, quédate con la idea de que nada es tan bueno ni tan malo. Es posible que lo poco o lo mucho que sepas de esta aplicación te haya dado a entender que se trata de un lugar, digamos... algo frívolo. ¿Qué ser humano espera que lo valoren con un pulgar hacia arriba o hacia abajo? (A menos que seas Julio César y estemos en los tiempos del imperio romano). Sin embargo, piensa que existen más de 500.000 usuarios en España, y la ratio viaja contigo a donde quiera que vayas. Estadísticamente hablando, alguno debería de caerte bien por lo menos. No pretendo incitar a todas las mujeres solteras a que se adentren en Tinder como patitos en fila entrando en el agua. Lo más sano es no tomarte Tinder ni demás apps para ligar muy en serio, sino más bien como un simulacro de citas, un pistoletazo de salida para tus dotes de ligona, una *putivuelta* virtual o un protocolo de iniciación en el panorama del dating para chicas con prisas. Al final, todo es cuestión de actitud.

ALGUNOS *TINDERCONSEJOS*:

- **Cuelga fotos naturales** y honestas, hechas desde un ángulo que no suponga una contractura cervical.

- **Escribe una descripción original y breve** que hable de ti como persona. Un error de principiante, de alguien que ha pasado más tiempo en LinkedIn que en Tinder, es hablar de ti misma como si se tratase de una carta de motivación profesional. Dales la oportunidad de conocerte de primera mano.

- **Cíñete a unos parámetros mínimos** antes de escoger a un posible ligue. Si no te gusta el deporte de riesgo, no le des *like* si sale en paracaídas en una foto y haciendo escalada en otra. Sé realista.

- **Ten fe.** Es como cuando te adentras en la sección de oportunidades de un *outlet*: sabes que hay mucho material defectuoso, pero existe la posibilidad de encontrar algo que te guste.

¿♥ o ✕?

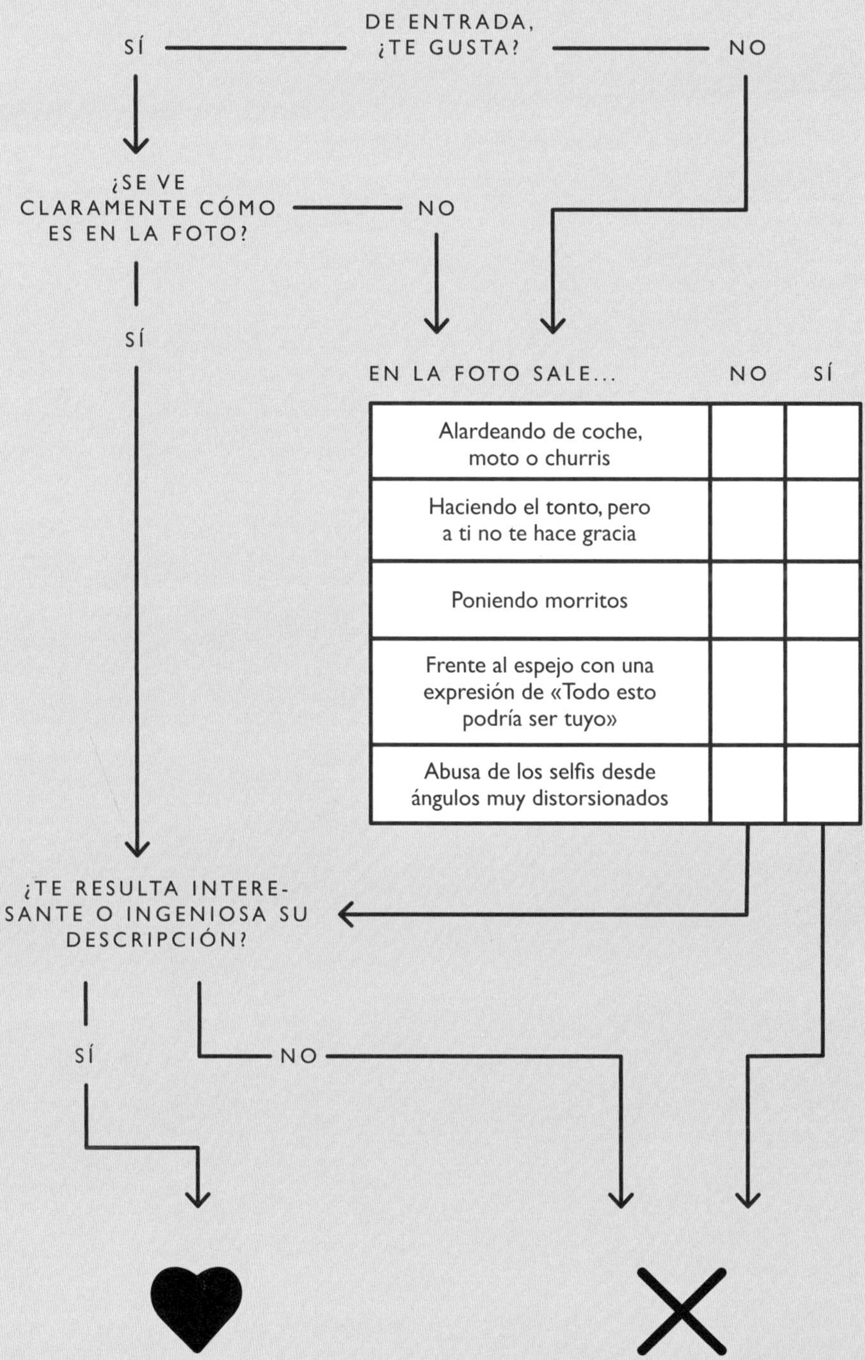

EN LA FOTO SALE...	NO	SÍ
Alardeando de coche, moto o churris		
Haciendo el tonto, pero a ti no te hace gracia		
Poniendo morritos		
Frente al espejo con una expresión de «Todo esto podría ser tuyo»		
Abusa de los selfis desde ángulos muy distorsionados		

LA OFICINA

Te levantas a las siete de la mañana fantaseando desde primera hora del día con la siesta que te vas a pegar. Tus ánimos de ir a trabajar equivalen a la motivación de un gato para entrar en el agua. Así que te vistes con la misma ilusión y sales rumbo a la oficina con la única expectativa de no llegar tarde. Cuando llegas a tu escritorio, arrancas el Windows con resignación y aprovechas la lentitud del ordenador, todavía menos espabilado que tú, para saciar tu necesidad de cafeína. Y, de repente, cuando menos te lo esperas, alguien consigue reanimarte con una sonrisa. La frecuencia de los latidos hace que ya no te resulte tan necesario el café.

El arte del flirteo le da color a todo lo que toca, incluso a un lugar tan monocromático como una oficina. Aquí las estrategias de ligoteo se llevan de manera más pausada y sutil. Sabes que volverás a ver a esa persona al día siguiente, así que no necesitas poner toda la carne en el asador de entrada. Puedes tantear el terreno tranquilamente y utilizar tácticas tan metódicas y rutinarias como las de tu propio trabajo. Por ejemplo: aprovechar el momento del café para, casualmente, coincidir, proponer hacer trabajos en equipo, o, mejor aún, en pareja. Al principio es importante dejar claro que eres una tía supermaja y que tu interés es puramente profesional. No vale la pena mojarse demasiado hasta ver la situación clara.

Más adelante, si quieres ir a más por iniciativa propia, acabarás administrando el grupo de WhatsApp de la gente de la oficina. Usando el compañerismo como excusa, cada viernes promocionarás el bar de abajo cual relaciones públicas del paseo marítimo en agosto, para pasar así de tomaros una caña a *tirárosla*.

Ten en cuenta también que ligar con alguien del trabajo conlleva una serie de dificultades (y si no, que se lo digan a Bridget Jones), como ser el tema principal de interés en las reuniones de cotillas. Lógicamente, la gente sabe lo divertido que es un romance de oficina y no desaprovechará la oportunidad de obtener la exclusiva de primera mano. Prepárate para un despliegue mediático a la altura de los estándares de Ana Rosa Quintana.

Si la cosa sale bien, ¡bingo! Tendrás una maravillosa experiencia de libertinaje laboral que con el tiempo puede convertirse en algo bonito, al margen de lo que digan los códigos de conducta de tu empresa (o del famoso refrán español «Donde tengas la olla, no metas la…»).

LA BIBLIOTECA

Entre dos libros, un Mac y una lámpara se asoma una mirada estratégicamente ubicada para que, con tan solo levantar las pupilas, veas al próximo crush. De repente, se te agudiza la visión de radar con detector termográfico para calibrar el grado de *cuteness* del sujeto. Te están entrando más calores que a la moto de Marc Márquez. De nada sirve abanicarse con los apuntes. Pero, en lugar de responderle con una sonrisa, vuelves al temario intentando hacerle creer que te has tropezado con sus ojos de forma *accidental*. Continúas leyendo, pero inevitablemente vuelves a caer en una segunda ronda de contacto visual con la misma torpeza absurda de una rubia perseguida en una película de terror.

Y, sin apenas buscarlo, acabas de encontrar una nueva distracción en la biblioteca, además de las idas y venidas a por un café, al baño, el móvil y la ansiedad por comer entre horas. Por cierto, a propósito del tema de estar levantándote, controla al ángel de Victoria's Secret, no sea que el movimiento de caderas al andar se te vaya de las manos.

Llegados a determinado punto de intercambio de miradas, palabras mudas y paseítos forzados, tienes dos opciones: esperar una reacción por parte del bibliocrush o jugar. Habíamos quedado en que ligar era un juego, ¿verdad? Pues también existe un juego específico para ligar en bibliotecas. Se llama «El Bibliochat». Las instrucciones para empezar la partida consisten en buscar un papel arrancado a lo cutre y escribir una notita. Vamos, como en el cole. Por ejemplo:

Digamos que es una versión analógica de Tinder. Lo bueno es que, por lo menos, te aseguras de que tus *matchs* cumplen como mínimo con una cualidad positiva, y es estudiar.

- **¿Qué ganas?:** una motivación para que se te hagan más amenas las horas de estudio y lo que surja…

- **¿Qué pierdes?:** un cacho de hoja de tus apuntes mal arrancado y unos minutos de estudio. Y un poco de vergüenza también, que nunca está mal.

Si no te sigue el juego, *don't worry, babe*, será por peces…

EL GIMNASIO

En este mundo hay dos tipos de personas: las que van al gimnasio (unas más y otras menos) y las que se autoconvencen de que algún día irán y lo pagan religiosamente cada mes como quien subvenciona el mantenimiento de una ONG. Seas del tipo que seas (no voy a juzgarte porque yo soy la primera que he palmado pasta por pecar de entusiasta), estás más que bienvenida a hacer ejercicio, o ligar, en esta inmensa olla de hormonas en proceso de ebullición.

Y es que quién ha dicho que sea solo para hacer deporte un lugar en el que gemir entre pesa y pesa, quitarse la camiseta o hacer posturas aeróbicas muy poco decentes está totalmente justificado. Se trata de un sitio que lleva consigo la palabra «desnudez» incrustada en su raíz etimológica (del griego antiguo *gymnos*). Y es que aquí, pasar del *fitness* al dating es superfácil. De hecho, me atrevería a decir que para algunos lo de hacer ejercicio es lo de menos.

Siendo honesta, considero que algo positivo que aportan los gimnasios a la hora de ligar es que verte y sentirte bien es poderosamente enriquecedor para ti misma. Por eso creo que fliparte un rato frente al espejo haciendo *spinning* rollo Ariana Grande en el videoclip *Side to Side* es hasta saludable. Así que aunque conozcas a alguien o no, un poco de ejercicio siempre viene bien. Y el ejercicio de verte sexi también cuenta para tu salud. Además, no sabes lo poderosamente efectivo que es un sutil flirteo en una cinta de correr. Eso sí que es una estimulación de gran calibre.

Lo malo es que puede que tantas hormonas al vapor te nublen la vista a la hora de fichar. Encontrarás toda clase de personas en el gimnasio, desde las que se creen sacadas de una portada de revista hasta las que van de *coach* sin serlo cuando nadie les ha pedido consejo. Y la lista continúa con toda clase de personajes como: los *fitnessgrammers*, los narcisos ubicados estratégicamente frente al espejo aunque esto suponga un desplazamiento innecesario, las que se sienten concursantes de *Lip Sync Battle*… Y luego estamos la gente normal que miramos la fauna popular con humor y nos lo pasamos bien. Al final, puedes encontrar toda clase de personas en cualquier sitio e incluso las más pintorescas pueden aportarte algo. También es posible que te cruces con un vehemente partidazo, y que ya no veas las idas al gimnasio como un sacrificio. Todo es posible. Ante todo, disfruta de la fauna popular y de lo que surja.

Recomendación

Cuando de ligar se trata, en el dating, al igual que en otros deportes, la clave está en disfrutarlo sin esperar grandes resultados para que no pierdas las ganas de seguir practicándolo.

PERDONA, ¿ESTÁ OCUPADA?

PRÁCTICAMENTE EN CUALQUIER PARTE

En la cola del súper, en el tren de camino al pueblo, en un festival de música... No me digas que no has tenido crush momentáneos cientos de veces. Lo que suele ocurrir en estos casos es que no nos atrevemos a hablar con la persona que nos llama la atención por vergüenza. Pues bien, es hora de perder la vergüenza, porque allí mismo, en estos miniamores a primera vista, pueden esconderse conversaciones interesantes y hasta noches apasionantes. Así que activa el radar y, si ves a alguien que te gusta, ¡dile hola! A nadie le molesta que le saluden respetuosamente... Luego es posible que la persona tenga voz de pito, o pareja o que no te guste, pero... ¡¡no te quedes con las ganas y salúdala!! Para las menos atrevidas, también está la opción de pasar una nota con tu nombre y teléfono, que ya os adelanto que ¡funciona! ;)

CAPÍTULO 03

EL ARTE DE LIGAR

Bienvenida al Museo del Amor Contemporáneo

Diferentes artistas, aunque usen el mismo pincel, nunca darán las mismas pinceladas. De la misma manera que seducir no significa lo mismo para todo el mundo. Para que nos entendamos, empieza por descubrir cuál es tu encanto. Qué es lo que te gusta de ti misma, independientemente de lo que piense el mundo. Al fin y al cabo el arte es subjetivo.

Dejemos de hablar de la búsqueda de la media naranja (media langosta para los fans de *Friends*). ¿Qué es eso de las medias naranjas? ¡Si las frutas partidas por la mitad se pudren antes! Ligar es mucho más simple porque todo empieza por ti misma. Tú eres tu naranja completa. Los demás son peras, manzanas, papayas… que a tu lado forman un hermoso bodegón pintado por un tipo muy cachondo y con sentido del humor llamado Karma.

Piensa en todo aquello que te hace única, en todos esos pequeños detalles por los que tus amigos te reconocen; tus *hobbies*, tus actividades, tus libros, tu particular forma de vestir, de actuar, de reírte, de andar… ¿Ya tienes todos esos detalles en mente?

Pues cada una de esas características es un color en tu paleta, y enfrente tienes un lienzo en blanco. A la hora de exponerte al mundo, debes exaltar con orgullo cada matiz, cada tonalidad irrepetible, y cada pincelada debe deslizarse con seguridad, sin que te tiemble el pulso. Llega la hora de enseñar tu mejor *performance* en el Museo del Amor Contemporáneo. Cada detalle que te conforma, cada acción de buena fe, cada ejercicio saludable de ti para ti... Todo esto es lo que te hace ser mejor persona, mejor profesional, mejor amiga y también mejor partido. De modo que el arte de ligar es tan subjetivo como el arte a secas: nadie tiene por qué cuestionar tu valor. Siempre habrá alguien que aprecie tu obra tanto como tú.

¿QUÉ ESTILO PICTÓRICO TE DEFINE?

Cada vez que sientas miedo a exponerte al mundo piensa en que una vez alguien dijo en una reunión cinematográfica: «¿Y por qué no hacemos una película con tiburones en un tornado?». La falta de confianza se puede aplicar a cualquier terreno de la vida personal. Pero cuando se trata de sacar a relucir tus vulnerabilidades en el terreno sentimental, lo de *Sharknado* lo vives por dentro.

Take it easy… Todas las personas tenemos algo que a los demás les puede resultar encantador. Ligar no se trata de tener el mejor físico del mundo (porque en todo caso esa mujer debería ser Elsa Einstein). Hemos quedado en que ligar es un arte en el sentido de que es una expresión subjetiva y personal de nuestra belleza interna y externa. Y esta belleza puedes expresarla al estilo barroco, romanticista, realista, expresionista o incluso vanguardista.

01 **¿Qué es lo que los demás encuentran encantador de ti?**

A Tu personalidad, llamas más la atención que un silencio en una discoteca.

B Tu sensibilidad. Te enterneces hasta con el anuncio de la lotería.

C Tu intelecto. Sabes de todo. Eres una tertuliana nata.

D Tu sentido del humor. Y además tienes una sonrisa que ilumina y atrae como un faro.

---

02 **Suena una canción que te gusta en el coche y tú...**

A La cantas a todo pulmón.

B La letra te llega al alma.

C Subes el volumen.

D Haces el tonto.

---

03 **¿Qué banda sonora te define?**

A *Crazy in love* – Beyoncé

B *Non, je ne regrette rien* – Édith Piaf

C *Thunder* – Imagine Dragons

D *Last Friday Night* – Katy Perry

---

04 **Cuando la persona que te gusta se te insinúa...**

A Todo el mundo se entera. La noticia causa furor en cada uno de tus grupos de WhatsApp. Pero tú, muy dignamente, no le muestras importancia.

B ¡OMG! Te emocionas más que Halle Berry recibiendo el Óscar a la Mejor Actriz en 2002.

C Ya te puede dedicar una *flahmob* al ritmo de una canción de Bruno Mars con tu nombre, que jamás lo interpretarás como una insinuación. Para ti, tan solo le caes bien.

D Eres majísima, pero te entra la risa nerviosa. No es fácil ser *Little Miss Giggles*.

---

05 **¿Cómo defines tu estilo al vestirte?**

A Antes muerta que sencilla. Causas más expectación con tus modelitos que la Pedroche en Nochevieja.

B Muy cute, hasta tus braguitas llevan volantes.

C Vas hecha un pincel. Encajas perfectamente en cualquier entorno sin llamar mucho la atención.

D Te flipa lo vintage. Eres una cazadora de reliquias por excelencia y así te conocen desde El Raval hasta Malasaña. Ni tus padres han conseguido librarse de la exportación textil ochentera.

Comprueba tus resultados:

A	B	C	D	RESULTADO

Tu diagnóstico:

A Si la mayoría de tus respuestas son *a*, es que eres una auténtica *lady* barroca. Llamas la atención por dondequiera que vayas, destacas entre la multitud por tu particular forma de ser y sabes cómo ornamentar tu figura. La cuestión es hacerte notar de manera elegante. Expresas personalidad y seguridad en ti misma. A ti que te intenten seducir con prácticas rupestres no te va mucho y seguramente no debe ser nada fácil saber esculpir tu corazón de mármol. Pero eso no significa que te debas conformar con aquello que te resulta mundano. Recuerda que si Dafne le hizo la cobra a Apolo fue por una razón. Ella sí sabía lo que quería y así lo esculpió Bernini.

B Si la mayoría de tus respuestas son *b*, no cabe duda de que eres una mujer de gran sensibilidad romanticista. Eres todo dulzura y se nota desde las flores de tu ventana hasta tu perfume olor a vainilla. Tienes unos ideales muy fuertes acerca de la vida y del amor que no lograrán derrumbar ni los más *haters*. Digamos que eres esa pincelada «color esperanza» que destiñe la realidad cotidiana y rompe con los prejuicios ajenos. Usa toda esa filosofía de vida y esa mente soñadora y entusiasta para enseñarle al mundo que la mejor manera de vivir es la que a ti te hace feliz.

C Si la mayoría de tus respuestas son *c*, eres toda una *madeimoselle realista*. Con los pies en la tierra, directa y sincera. Sabemos que no es fácil dibujarte una sonrisa, valientes aquellos que se atrevan a hacerlo con una obra realista. A la mínima que alguien se te aparece con excesos glucémicos de afectividad, le pones una cara a esos gestos pastelosos de quien está oliendo una tarta a base huevos caducados. Esto no significa que no sepas apreciarlos, solo que no cualquiera sabe estar a la altura de tus expectativas. Mi recomendación es que te dejes llevar por las nuevas tendencias vanguardistas en el terreno del amor y quizá algún Dalí de la vida consiga sorprenderte.

D Si la mayoría de tus respuestas son *d*, tu vida se parece más a la de un cómic setentero. Todo color y humor. Si algo va mal, agarras un bote de pintura rosa chicle y lo lanzas encima de las páginas tristes. Porque a ti, si la vida te da limones, te haces un *gin-tonic* y que siga la fiesta.

CAPÍTULO 04

¿DÓNDE QUEDAMOS?

La gran pregunta

La forma de ligar cambia según la situación, el ambiente o el lugar. No eres la misma persona en un museo, en un restaurante o en un bar nocturno. De la misma manera que una planta no crece igual en una casa que en un parque o en un jardín. Plantéate en qué terreno floreces mejor.

En cierto sentido, la palabra «cita» alude a la imagen mental de un argumento de ficción norteamericana donde el capitán del equipo de fútbol del instituto reúne a doscientas personas que vistas desde la última planta dibujan la palabra «*Prom?*», y lanzan globos mientras la chica dice «*Yes, Bobby, I'll be your date*». Y es que la palabra «cita» se usa con tan poca frecuencia en la realidad sentimental hispánica cotidiana que los ejemplos que pone la RAE para definirla no son nada románticos.

Ya sea por culpa del repertorio cinematográfico anglosajón que nos meten con calzador los domingos, o simplemente por nuestra cultura reacia a las cursilerías, resulta mucho más simple decir que has quedado con alguien «a quien estás conociendo» antes que utilizar las cuatro letras de la palabra que definen esa clase de encuentro. Quizá también porque venimos con el chip que nos permite decir abiertamente que buscamos piso o que buscamos trabajo, pero jamás que buscamos pareja. Eso lo dejamos para los bienaventurados que se presentan a los *shows* de televisión, porque exponer en público nuestra voluntad es sinónimo de debilidad.

Personalmente me gusta ver las citas como un contrato verbal en el que las partes manifiestan su deseo de cortejo en un encuentro personal, y a veces íntimo, de forma que cada una de las partes expone sus cláusulas a lo largo de la velada y llegan al final a un posible acuerdo. Así, tengo claros cuáles son mis puntos inquebrantables y cuáles son negociables. Pero recuerda también que un encuentro dedicado al flirteo, salga rana o salga príncipe o princesa, es una historia y, si algo he aprendido de Woody Allen, es que detrás del fracaso amoroso está la comedia.

MILLENIAL EDITION

DATERS' CHOICE

Descubre fantásticos lugares donde tener tu
primera cita, y quizá la última. Luego comparte
tus opiniones y experiencias para orientar
a chicas con prisas como tú.

Guía Date advisor

EN UN RESTAURANTE

Los restaurantes son los sitios líderes por excelencia para quedar; solo hace falta poner el canal Cuatro en prime time para comprobarlo. Pero, en realidad, tampoco es que favorezcan un entorno idílico para sacar lo mejor de nosotros, partiendo de la base de que no existe ningún plato que no atente contra nuestra imagen personal.

MENÚ QUE DEBES EVITAR:

Ensalada:
Más difícil de comer de lo que parece, la lechuga se te puede quedar entre los dientes.

Sopa
¿Acaso hay algo más incómodo para la otra persona que escuchar los sorbos?

Espagueti
¡Cuánto daño ha hecho Disney! La imagen del trocito de espagueti colgando no tiene nada de coqueto.

Y la lista continúa con otros ejemplos, como los condimentos que dan mal aliento, los platos asiáticos no aptos para patosas y los alimentos propensos a provocar ~~gases~~ una melodía muy poco armónica. Y lo peor es que, mientras tú te rayas la cabeza con el festín de dilemas, quizá tu acompañante te mire agarrando su hamburguesa con la misma expresión del dios romano en el cuadro de Goya *Saturno devorando a su hijo*, esperando el momento oportuno para preguntarte: «¿Te vas a comer eso?». Y si no has tenido suficientes silencios y momentos incómodos, espera a que llegue la cuenta.

OPINIONES DE LAS USUARIAS

***

Hubiese sido perfecto si no fuese porque comía el *sushi* con tenedor.

EN EL CINE

¿Acaso vivimos en los años cincuenta? Afortunadamente, hemos superado la época en la que el único sitio con algo de «intimidad» era la última fila de la sala. En pleno siglo XXI, una cita en el cine es seguramente la más *mainstream* de todas. Tanto, que ya solo encaja en el guion de una película remilgada de época. Piénsalo, una cita sin poder hablar y con mala iluminación es como una película muda en blanco y negro. Pasados unos minutos, echarás en falta la acción, los efectos especiales y, sobre todo, un final sin censura.

La falta de comunicación te hará buscarle significado al más mínimo movimiento. Por eso creo que no tiene mucho sentido, por lo menos en la primera cita, quedar para estar callada y sentada en una butaca, mirando irremediablemente una pantalla, mientras intentas descifrar si su código de conducta al masticar las palomitas o al cambiar de postura tiene algún significado intertextual referente a una insinuación. Me opongo hasta tal punto que la abogada del amor que llevo dentro iría a las salas de cine en las que hay alguna pareja prematura y lanzaría un martillo a la pantalla como en el anuncio de Apple de 1984.

OPINIONES DE LAS USUARIAS

**

Nos conocimos en un grupo de Facebook llamado «Cinéfilos». Me propuso quedar en el cine para ver la última entrega de *Transformers*.
No sé cómo no me di cuenta de que tenía quince años.

SI ES DE LOS QUE SACA EL MÓVIL A MEDIA PELÍCULA, ESTÁS EN TODO TU DERECHO DE LEVANTARTE E IRTE.

EN SU CASA

¡Alerta *spoiler*! Acaba en sexo.
Aunque sea con la excusa de enseñarte sus habilidades culinarias, tu ligue quiere llevarte al huerto. Sí, amiga, este huevo pide sal. Lo cual quizá también te apetezca. Pero no estaría mal que cuestionaras esta clase de encuentros (aunque, si te apetece y te da confianza, adelante, valiente). La parte positiva es que te ahorrarás horas de conversación, puesto que, al segundo uno de cruzar la puerta de su casa, ya sabrás todo lo que necesitas saber.
Puedes meterte a ver su Facebook innumerables veces, pero tendrás mucha más información con un fugaz vistazo a su habitación.

OBJETOS QUE SON MOTIVO DE ALARMA

Una planta moribunda
=
No esperes un WhatsApp de buenos días cada mañana.

Una pila de táperes en la nevera
=
Sus padres todavía le preparan las cenas.

Un antiguo regalo de su ex cuidadosamente puesto en la mesita de noche
=
No lo ha superado.

Si el escenario no te convence, evita redecorar mentalmente porque está claro que no has venido a eso. Pero si no te sientes cómoda, siempre estás a tiempo de salir de allí.

OPINIONES DE LAS USUARIAS

*

Era muy mono, pero mono amazónico. Su habitación era todo un ecosistema salvaje agrupado en 20 metros cuadrados en pleno centro de la ciudad. Altamente recomendable para las fans de *Jurassic Park*.

EN UNA CAFETERÍA

Las citas en una cafetería son el ejemplo perfecto (sacado de contexto) de la teoría de la relatividad. Tienes dos cuerpos con movimientos de atracción variable en un campo gravitatorio débil, por lo que la cuestión de la longitud del tiempo es relativa a los factores. Y con esta metáfora carente de criterio por la que no hace falta que aclare que no tengo ninguna formación científica, quiero decir que, como todo es relativo, nunca se sabe ni cómo ni cuándo puede terminar. Tanto puedes pedirte un café y a los pocos minutos decir que te tienes que ir, como estirar la ronda de cañas y terminar cenando.

Realmente es la cita perfecta. Informal, no implica grandes desplazamientos para llegar o una planificación meticulosa de la etiqueta. Es lo suficientemente segura como para entablar contacto con alguien desconocido, fácil de adaptar a cualquier hora del día y, además, es el único sitio donde tienen cabida todas las peculiaridades alimenticias. Admito que estos argumentos parecen sacados de un guion de la Teletienda, en cuyo caso yo sería la voz diciéndote «Llama ya y llévate una segunda ración de tapas gratis». Pero, sin ánimos de lanzarte publicidad subliminal patrocinada por la ACEB (Asociación de Cafeterías Españolas de tu Barrio) que me acabo de inventar, si lo analizas bien, es la más práctica de las primeras citas. Lo mejor es que, literalmente, no te arrepentirás, porque si lo haces bien, tienes todas las comodidades para marcharte tranquilamente o decidir cuál es la siguiente parada.

OPINIONES DE LAS USUARIAS

*****

Fue una cita muy agradable, pero es mejor tener preparado un repertorio de temas de conversación. El éxito depende de un diálogo estimulante para los dos. Se aconseja evitar hablar de mascotas fallecidas y traumas infantiles.

EN UN MUSEO

Para algunas, un comentario intelectual es un volcán en erupción de hormonas femeninas. Si te sientes identificada, significa que tienes el síndrome de la mujer *sapiosexual*, dígase de aquella mujer que siente atracción sexual principalmente por la inteligencia. Es decir, que si tu cita sabe utilizar las aportaciones correctas, cada comentario será como una píldora afrodisiaca. Así, los museos son un buen sitio para estimularte y calibrar la cultura y la sensibilidad de tu acompañante. Teoría no aplicable si se trata del museo del Santiago Bernabéu.

Que te cite en un museo es buena señal, pero que no te camele solo por eso; piensa que Frida Kahlo se enamoró de Diego Rivera en el Museo de San Idelfonso (México), y eso no fue garantía de una relación idílica.

Si en contra de lo que te esperabas tu acompañante te sale con un comentario nivel forocoches.com, hasta luego libido. Pero no pasa nada; las personas *sapiosexuales* suelen ser receptivas a experiencias novedosas, y la variedad de museos y exposiciones culturales saciará al menos tu curiosidad, en caso de que el acompañante no consiga cumplir esa función. Además de diversión, las citas también son aprendizaje.

OPINIONES DE LAS USUARIAS

****

Aprendí un montón de cosas sobre el arte conceptual y lo que pretendía transmitir el artista. Pero de mi ligue todavía no sé mucho.

CITA DE AVENTURA

A finales del siglo xx, dos psicólogos canadienses llamados Donald Dutton y Arthur Aron demostraron con un experimento sociológico que cuando se somete al cerebro a situaciones de riesgo se puede llegar a confundir la adrenalina con el amor. Lo que estos dos expertos de la conducta humana quisieron decir es que aquella vez que perdiste el móvil y alguien desconocido lo encontró mientras tú gateabas por debajo de las mesas desesperadamente, viviste un romance tan intenso como el de un cómic de Marvel.

Esta clase de pseudoenamoramientos se catalogan como «atribución errónea de la activación o excitación», debido a que no es más que un mero engaño a nuestro cerebro del estilo de «los cruasanes de cereales no engordan». Es decir, que cuando una persona te invita a participar en la realización de cualquier deporte extremo, está actuando con el mismo *modus operandi* (consciente o inconscientemente) que al invitarte a ir de copas. Es todo un farol para nuestra mente, fruto de componentes químicos que actúan sobre la psique, pero esta vez sin recurrir al alcohol, lo que lo hace todo más confuso.

Como primera cita, no vale la pena. Hay que conocer mucho a la otra persona antes de someterte con ella a una situación de riesgo. Y si lo haces, que sea con responsabilidad. Una cosa es buscar la adrenalina y otra es buscar salir en el telediario. Guárdate mejor este tipo de cita para cuando haya más confianza. Así no resultará tan incómodo que te aferres a su dorso ante el peligro al puro estilo de las películas de acción.

OPINIONES DE LAS USUARIAS

***

Es un tipo de cita superentretenida. Pero ante todo búscate a alguien deportivamente compatible contigo para poder ir al mismo ritmo.

EN LA PLAYA

La playa, esa famosa excusa que te descubre las bondades y las curvas de tu pareja antes incluso de pasar por la cama. Tostarse juntos al sol es una actividad que une desde el principio o separa sin más rodeos.

Pero ojo, antes de elegir una playa hay algunas cosas que debes tener en cuenta:

Conviene alejarse de la playa principal de la gran ciudad donde, pese a las comodidades que ofrece por su cercanía con la boca del metro y la posibilidad de encontrar lavabos con relativa facilidad, no todo es tan idílico como parece. Una playa abarrotada de gente puede ser lo más antirromántico del mundo. Vale la pena tomar un tren de media horita para alejarte un pelín.

Pero al alejarte tampoco hace falta que vayáis a la playa donde veraneabas de pequeña, que encontrarse con tu grupo de amigos o, peor, con los de tus padres, puede ser increíblemente incómodo.

Sea como sea hay tres cosas *MUST DO*:

1. Lleva el **bañador puesto**. Nunca sabes lo que te vas a encontrar. ¿Y si ese día el único lavabo de la playa ha desaparecido? No querrás acabar cambiándote entre las finas toallas que sujeta tu pareja a modo de cambiador mientras intentas que nadie te vea el culo por el espacio que se abre entre ellas.

2. **Bañador de recambio** siempre. La cita se puede alargar y podéis acabar tomando una copa viendo la puesta del sol... y tú con el bañador mojado. No hay nada peor ni para tu vestido ibicenco recién estrenado ni para tu (últimamente) buena relación con los resfriados y la cistitis.

3. **Crema de sol** SIEMPRE.
La piel quemada no es ni sana, ni atractiva ni cómoda.

OPINIONES DE LAS USUARIAS

***

El plan estaba bien, pude estrenar ese bikini que me sentaba de maravilla y ponernos crema el uno al otro fue supersensual, pero... la próxima vez paso del bullicio de la Barceloneta e iremos al Maresme.

EN UNA DISCOTECA

Si te propone quedar en una discoteca, no espera por tu parte una conversación profunda e indagadora. De hecho, da gracias si a lo largo de la noche consigues atrapar palabras sueltas en el aire y reorganizarlas en tu mente de manera que tengan sentido. Ya te puede soltar tranquilamente «pollo», «brasa» y «sudor» en la misma frase, que la línea que divide un piropo de obrero de una receta de cocina se desvanece con el ruido de los bafles.

La parte positiva es que no habrá silencios incómodos. El objetivo de los clubes nocturnos es la desinhibición de los sentidos, dejando la cordura para la mañana siguiente. Eso de divertirse está muy bien, pero mantener a Pepito Grillo en el hombro derecho recordándote lo que pasa cuando se te va de las manos no está de más.

OPINIONES DE LAS USUARIAS

**

Solo recuerdo que terminé bailando Raffaella Carrà con un grupo de guiris que pasaba por allí. De mi ligue, ni rastro.

DÓNDE **NO** QUEDAR

Lugares lejos del transporte público para no depender de nadie si te quieres ir.

En un sitio que sabes que es muy caro y que no te podrías permitir si no te invitan.

En casa de sus padres o de los tuyos. Ejem... puede ser una primera cita muy incómoda.

En el cumpleaños de un amigo suyo. Primero, conoceos vosotros y luego ya veréis a los amigos.

En eventos deportivos en los que no estés interesada. Si no te gusta el *curling*, díselo de entrada. Puede llegar a ser muy aburrido y no esperes recibir atención.

En un centro comercial. Creo que en general a la gente no le suele interesar mucho acompañar a otra persona de compras. A menos que tu cita sea Richard Gere y estéis en Hollywood Boulevard.

OPINIONES DE LAS USUARIAS

Tardé más de una hora en llegar al garito, que estaba perdido en la montaña. Tenía tan mala pinta desde fuera que me fui por patas. Debería haber investigado antes de poner la dirección en el GPS.

CAPÍTULO 05

DATE EN 3, 2, 1...

El primer encuentro

Date una buena impresión, date unas cañas, date unas risas... Un primer encuentro destinado al flirteo es una oportunidad de lanzar unos fuegos artificiales que despisten hasta a los valencianos. Y aunque no se te encienda ni un mísero petardo, hazlo por divertirte. Porque interactuar con el mundo es la mejor forma de conocerte a ti misma, saber lo que te gusta y lo que buscas.

Verás, mi verdadera vida de soltera empezó tras una brusca decepción amorosa. Claro que ya había sido soltera antes de la primera bofetada a mi ego, incluso había tenido otras parejas. Pero el cambio se produjo a base de empujones forzados por salir al mercado. Lo recuerdo como mi etapa Pacman: solo comía y huía de todo el mundo.

Primero pensé que sería algo pasajero y que, después de todo, el IRPF *karmático* me tendría que salir a devolver en algún momento. Luego asumí que ya iba siendo hora de que se me pasase la alergia a los gatos si pretendía tener un plan B para la vejez. Hasta que finalmente empecé a disfrutarlo. He tenido anécdotas tan pintorescas como inverosímiles. No todas con un final de cuento, pero gano por goleada una partida de «Yo nunca he…».

De ese modo me di cuenta de que estaba soltera porque quería estarlo, porque nadie me daba motivos para dejar mi vida de Carrie Bradshaw en versión *low cost*. Porque cuándo si no disfrutaría de la emoción de un romance secreto, transoceánico, platónico, etc. Supongo que cada tipo de relación tiene su momento.
Ya han pasado varios años y sigo en la misma situación, pero con un avance importante, y es que reniego de la imagen del amor basado en la influencia del patriarcado.

Frente a las altas expectativas, aprendí con el tiempo que el objetivo de las citas no tiene por qué ser descartar opciones hasta encontrar a la persona indicada. Porque de alguna manera todas han sido las indicadas para algo. Y lo que hoy es un juego de miradas con un tío cañón, mañana puede ser una conversación estimulante con un cerebrito.

ANTES DE LA CITA

Pasemos a lo práctico. Está claro que eres una chica con prisas que no tiene tiempo de mandar mensajitos indefinidamente antes de pasar a la acción y conoceros en persona, pero, a poder ser, deciros más de cinco frases para ver si realmente vale la pena el encuentro.

- Habla con la otra persona por WhasApp para concretar detalles y asegurarte de que es de verdad y no un perfil falso. Ganas puntos extras si haces como en los 90 y habláis por teléfono antes de la cita.

- Investiga mínimamente el sitio antes de plantarte allí y que sea una cueva desolada.

- Dile a tu amig@ de confianza o compañer@ de piso dónde vas a estar.

- Ten un plan b (llamada de emergencia/excusa).

- Para *superstalkers*: busca su nombre en redes sociales y cotillea. Ojo con darle *like* sin querer en Instagram.

¿Qué me pongo?

OK, partimos de que la idea es vestirse como para cualquier otra ocasión casual.* Un *look* natural con el que te veas mona. Nada de desprender tanto maquillaje que parezcas un ganchito. Sobre todo, debes sentirte cómoda, así que ve directa a por una apuesta segura. Un *outfit* que conozcas y que te siente bien. Te aconsejo que no experimentes mucho, no sea que descubras que determinados zapatos te hacen ampollas o que la tela de la camiseta se transparenta con algunas luces.

Pero ojo, ten en cuenta dónde es la cita para ir acorde a la ocasión. Ya sé que ese jersey es tu prenda de la suerte, pero si es septiembre y todavía estamos a 25 grados, quizá te saldrá un sarpullido del calor. Tampoco es necesario que te pongas tacones para ir a tomar horchata si la última vez que los usaste fue para una boda hace dos años.

* Si buscas ideas, puedes inspirarte en *Guía de estilo para chicas con prisas.*

Qué llevar en el bolso

Como persona con la misma capacidad de predicción que Sandro Rey, suelo ir por la vida con lo indispensable. De hecho, admito con resignación que mi bolso me acompaña a mis ocasionales citas tan poco equipado que, en más de una ocasión, he tenido que recurrir desesperadamente al hemisferio creativo del cerebro para hacer arreglos exprés con dos horquillas.

Salir de casa con una gama de *amenities* nunca será una opción cuando ya de por sí la columna vertebral tiene que lidiar con el ordenador, la agenda, el móvil, el cargador y un libro para leer en el metro. Es un bolso, no el bolsillo de Doraemon. Pero siempre va bien tener a mano lo siguiente:

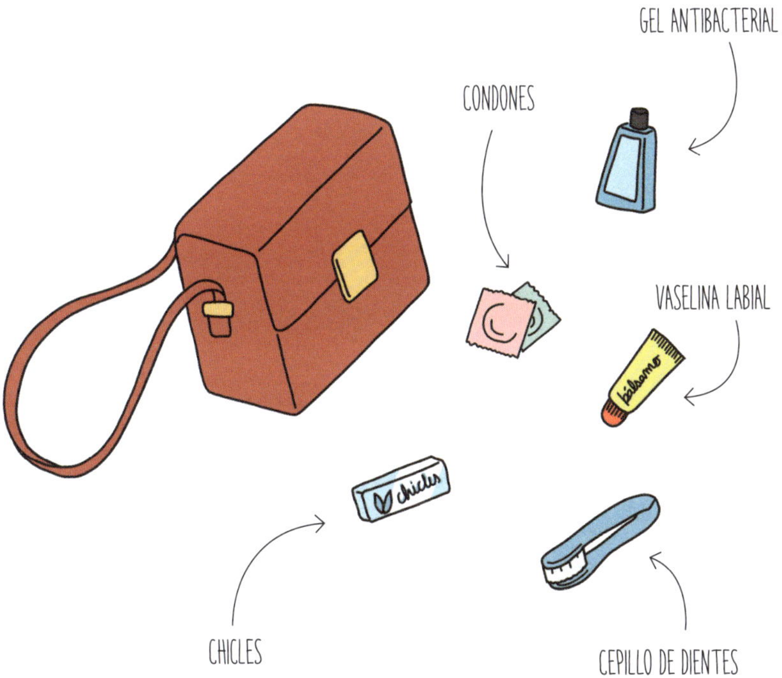

Dejemos clara una cosa: no se pueden barrer con eficacia los silencios incómodos de todas las citas si el otro o la otra no pone de su parte. Para bailar un tango se necesitan dos, y para conversar a gusto también, si no, sería un monólogo con un único receptor.
Es verdad que una buena conversación es clave para el éxito de una cita, pero te puedes esmerar toda la noche de cháchara con más variedad temática que una abuela en la peluquería que si te responde con monosílabos, mal vamos.

De todas formas, los temas de conversación son clave para conoceros mejor. Mi recomendación es que te adentres directamente en aquellos que te den una información determinante del sujeto en cuestión. Porque perfecto o perfecta nunca será, pero, por lo menos, que tenga unos defectos que puedas tolerar, y eso se descubre hablando. De esta manera es como mejor puedes valorar a la otra persona y no dándole *likes* a sus fotos.

En cuanto a temas que es mejor no tocar, me gusta que la gente se exprese con libertad incluso a la hora de hablar de fútbol, política o religión, ya que considero que todos debemos ser maduros y tolerantes. Lo único que nunca viene a cuento son temas que puedan hacer sentir incómoda a la otra persona, como, por ejemplo, exparejas, personas queridas fallecidas recientemente o problemas personales. Si ves que la otra persona va por allí y no tienes confianza suficiente para tratarlos (o, sencillamente, no te apetece), estás en tu derecho de evadir que te den la brasa, ya que, si no, acabarás más quemada que un guiri en Magaluf.

	ME ENCANTA	SIN MÁS	LA CUENTA, POR FAVOR
GUSTOS CULTURALES: MÚSICA, LIBROS, CINE...			
AMBICIONES			
HOBBIES			
DEPORTES			
MASCOTAS			
VIAJES (VENIDEROS O PASADOS)			
ANÉCDOTAS DE NOCHES DE FIESTA			

¿LO VEIS? ES MÁS SIMPLE DE LO QUE PARECE
¿TENÉIS ALGUNA PREGUNTA?
CURSO PARA SOLTERAS
(ofrecido por las amigas que llevan tiempo siéndolo)
CÓMO RECONDUCIR UNA CITA
¿Qué tipo de conversación buscas?
Profunda e indagadora
Básica, pero estimulante
¿Te resulta interesante?
SÍ
NO
Pídete otra ronda que va para largo
Cambia el tema

Motivos para izar la bandera roja en la primera cita

Al final solo tú decides dónde trazas la línea de lo imperdonable. Estas son opiniones generales sobre circunstancias en las que está justificado marcarse una despedida a la francesa.

VETE POR PATAS SI:		
HABLA DE…	HACE COSAS TIPO…	LLEVA…
Sí mismo o misma únicamente, conduciendo la conversación a un monólogo sobre lo genial que es.	Toquetearte injustificadamente como si se le resbalara la mano.	Una camiseta de un grupo de música que no escucha.
Vuestro futuro como pareja a la primera de cambio.	Tontear con varias (incluyéndote a ti), a ver cuál cae primero.	Gafas sin graduar.
Su ex de manera constante.	Pedirte o mandarte fotos XXX.	Un tatuaje de una lágrima en la cara.
Sus experiencias paranormales y creencias metafísicas.	Hacerte fotos para alardear con sus amigos o darle celos a su última pareja. Si las hace de incógnito, ¡peor!	Una gabardina. ¡Huye y no mires atrás! O hace contrabando o no lleva nada debajo.

Si has entrado en bucle y te encuentras más aburrida que un pez de oficina, estás en todo tu derecho a irte si es lo que quieres. Siempre puedes recurrir al aclamado, pero irrefutable, «Ups, se me había olvidado que he quedado…», pedirle a un amigo que te llame y fingir que te ha surgido una emergencia, o decir que te sientes mal y te quieres ir casa. Pero también puedes ir con la verdad por bandera y dejarle claro, con mucha diplomacia, que no estás interesada. Esta última suele ser la mejor opción si no quieres que te siga escribiendo por WhatsApp.

BESOS DE DESPEDIDA

Dicen que los besos apasionados activan 35 músculos faciales, mejoran la salud y, lo que me resulta más increíble, ayudan a adelgazar. Digo yo que será porque cuando tienes un ligue potencial enfrente de ti se te quitan las ganas de pegarte el atracón. Pero lo cierto es que cuando un hombre te besa desplegando su lengua por tu cavidad bucal, libera más testosterona, propiciando el aumento de la libido en ambos.

Los protocolos sociales son muy claros en este asunto: si alguien te besa en el portal de tu casa después de una cita, no se está despidiendo si tú no quieres. Esto es de primero de dating.

Los estudios dicen que, por lo general, los tíos, con su primitivo código de conducta sexual, saben si desean acostarse con una mujer antes del primer beso, basándose casi exclusivamente en la atracción física. Mientras que las mujeres calibran sus niveles de excitación después de ese primer contacto labial y, en función del resultado, deciden o no acostarse con esa persona. Este es el motivo por el cual la conexión de ese morreo es fundamental. Para nosotras determina el final de la cita. Es decir, si el candidato o candidata tiene una actuación satisfactoria, se darán la vuelta las sillas giratorias de la dopamina (la hormona del placer), la oxitocina (la hormona del amor) y la norepinefrina (la hormona de la euforia), entre otros integrantes de tu jurado interno neuroquímico de *The ~~Voice~~ Kiss*.

CATÁLOGO DE BESOS

EL BESO NENUCO
Tan tiernos que huelen a Nenuco. Es ese pico amortiguado por un chasquido tan enternecedor que no sabes si responder con un pellizquito en los mofletes. Se trata de una tipología cada vez menos común desde que se han puesto de moda los lengüetazos a tutiplén.

EL BESO DE SAPO
No conozco a ninguna mujer que disfrute de los lengüetazos a modo de látigo. Es muy desagradable que te disparen su lengua como si estuvieran cazando moscas. Una pena que, encima, luego no se conviertan en príncipes.

EL MORREO LIMPIAPARABRISAS
De los creadores de los besos de sapo, llega la versión prolongada por si te has quedado con ganas de más.

EL BESO CANÍBAL
Hay quienes se toman muy en serio la expresión «comer los morros». Tanto, que en alguna ocasión me he quedado con ganas de soltarles: «Perdona, pero tienes un trozo de mi labio inferior entre los dientes. Justo ahí». Valoro los actos pasionales, pero los hay que rozan el canibalismo.

EL BESO BABOSO
Es ese beso digno de extrapolarse a un tratamiento estético a base de mucosa y otras sustancias naturales que supuestamente embellecen el rostro.

EL BESO PULPO
Así como interviene la lengua, también lo hacen los tentáculos. Se te enrosca usando todas sus extremidades hasta succionarte el rostro. No hay escapatoria posible. Aprovecha el microsegundo de pausa para tomar aire.

¡EL BESO!
Tal cual lo habías soñado, ni le sobra ni le falta nada. Puede ser cualquiera de los anteriores si era así como lo habías imaginado.

SEXTING

La reciente epidemia del *sexting* es uno de los motivos del desencanto con Tinder por parte del género femenino. El carácter impersonal de los mensajes de texto ha otorgado ciertas licencias de exceso de confianza a la hora de entrar en temas XXX. Una insinuación ingeniosa puede tener su encanto según cómo se haga, pero ¿quién fue el orangután que propagó la blasfemia de que a las mujeres les gusta recibir imágenes, por ejemplo, de penes? Me sorprende que se imaginen que las recibiremos con la misma ilusión que una postal. Quizá porque no siempre nos incentivamos tanto en el plano «visual», sino que apreciamos la combinación con otros estímulos. No sé qué creen que se nos pasa por la mente al ver sus miembros vía WhatsApp, pero yo reacciono igual de horrorizada que un gato al ver un pepino. *Stop* ciberexhibicionismo injustificado y carente de morbo, *please*.

Pero tampoco pretendo censurar a nadie. Sería hipócrita por mi parte hablar del tema sin admitir haber sucumbido a inmortalizar mis fotos más candentes como si mi galería fuera un escaparate del Barrio Rojo de Ámsterdam. Seamos libres y creativas dentro y fuera de la cama. El *sexting* va desde una descripción detallada de tus prendas íntimas hasta un emoticono de unas gotitas de agua. Todo depende de cómo uses tu imaginación y tus herramientas. Y da igual si eres *amateur* en el terreno, mientras haya confianza con la otra persona, cuanto menos te resultará divertido.

Pros

- Un poco de picante le da sabor a tus días.

- Sentirte y verte sexi es tremendamente sano para tu vida en general.

- Los secretos afianzan las relaciones.

- El *sexting* es como los preliminares, pero a modo virtual. Funciona tanto si quien recibe los mensajes está a una distancia corta (para que corra a verte) como si está lejos (para que tenga más ganas del siguiente encuentro).

Contras

- ¿Recuerdas el famoso caso de Kim Kardashian? En ese momento fui consciente de la peligrosidad de incluir cámaras en la intimidad. Eso se me quedó tan grabado como el propio vídeo de la susodicha en la red. Ha pasado más de una década y cuando surge la oportunidad sigo pensando en Kim como si fuera Yoda aleccionándome sobre lo que sucede en el lado oscuro de internet.

SEX-TIME, TÚ DECIDES

Que tú decides el cuándo es una obviedad que merece ser destacada. La clave del sexo empieza por disfrutar con libertad y responsabilidad de lo que la naturaleza nos ha dado. No se trata de abrirse de piernas a la primera de cambio para demostrar lo transgresora que es nuestra generación al grito de «Olé mi co**», tampoco a esperar a las 3 citas que dictan los protocolos de las películas románticas. Todo dependerá de la química que tengáis. El sexo sin ganas es ese cubata caliente y aguado que te tomas para darle alegría al cuerpo, pero que luego no te gusta. En realidad, lo que despierta la libido es una conexión, significativa o no, con la otra persona.

CON TU FOLLAMIG@
Cuando dos personas que se caen bien sienten cierta atracción física, las posibilidades de que la cosa vaya a más son cuestión de tiempo. Lo malo es que después del derecho a roce aparecerán los sentimientos, esos Gremlins que lo complican todo y que provocan que acaben saliendo a flote temas como la exclusividad o la importancia de la amistad. Lo mejor es que tengas tu respuesta premeditada para posibles preguntas incómodas.

POR DESPECHO
Una vez una amiga me dijo «un clavo no saca otro clavo, pero el placer de clavar...». Personalmente, pienso que contrarrestar el dolor con sexo no puede ser bueno. No es coser y cantar. Otra cosa muy diferente es que estando dolida conozcas a alguien especial, en cuyo caso sí que ayuda, ¡y mucho! Aun así, no cabe duda de que la mejor de las opciones es aprender a pasar página por ti misma.

UN *REMEMBER* (CON TU EX)
¡Aquí te pillo, aquí te (re)mato! La sensación de acostarte con tu ex es muy complicada hasta de describir. Cuando intenté relatar cómo había sido el polvo, me salían las palabras con la misma fluidez que conjugando el verbo «abolir». Si lo pruebas, me entenderás (conjugar el verbo, claro). Puede llegar a ser desde excitante a decepcionante. ¡Ojo! Importante tener claros los sentimientos, las consecuencias y, por supuesto, también el ORGULLO.

DE UNA NOCHE
Un encuentro ocasional tampoco es un tema en el que se pueda indagar mucho. Lo verdaderamente relevante que hay que tener en cuenta es que el sexo sin compromiso es sexo sin compromiso. Así que no pienses en lo que pasará mañana y disfruta del momento.

POR AMOR
El amor es como el queso, queda bien con todo. Por tanto, el acto de «hacer el amor» es como una *fondue*. Seguro que debe de estar muy buena y espero probarla algún día.

EL DÍA DESPUÉS

Llega el momento de conocer si a lo largo de la noche se ha diluido algo más que la raya del ojo. Ese momento en el que te despiertas y te das cuenta de que hay noches en las que «lo que pasa en tu cama se queda a dormir». Y es aquí que las ganas de «besayunar» determinan el final o el principio de algo.

Puede que al despertar intentes escabullirte de la manera más sigilosa posible [si no es tu piso] o que, al contrario, te despiertes envuelta en una fantasía idílica flotando en el colchón. Si es ni fu ni fa, puedes hacer como si la noche anterior fuese un 30 de febrero, es decir, que nunca existió.

Pero ¿cómo afrontar la mañana siguiente con la mayor naturalidad posible? Lee las señales. Si estáis a gusto y os apetece estar juntos o juntas un rato más, es una buena excusa para salir de casa y tomaros un café para reponer fuerzas.

After Date

¿Le escribo o no le escribo? Ay, amigas, el gran dilema.

Vamos a suponer que has tenido tu primera cita y te ha gustado. ¡Enhorabuena! Sabemos que no es fácil encontrar alguien que te emocione desde el primer momento.

¿Qué hacemos cuando las ganas de escribirle chocan con nuestra barrera protectora al rechazo?

Querida lectora con prisas a la que quizá aún no tenga el placer de conocer, pregúntate por un segundo ¿realmente estás para perder el tiempo dándole vueltas a esto? Creo que todas hemos cometido alguna vez el colosal error de crear un diagrama mental de todo lo que puede llegar a pasar, o todo aquello que la otra persona puede llegar a pensar después de un simple «Buenos días». No saques hipótesis precipitadas.

Actúa con naturalidad como cuando le escribes a cualquier otra persona y, si objetivamente hablando no sientes reciprocidad, a otra cosa, mariposa.

ATRACCIÓN FÍSICA VS. MENTAL

No siempre es fácil conseguir que alguien te seduzca física y mentalmente a la vez. Pocos hombres en mi vida han tenido esa destreza simultánea de manejar ambas partes tan sincrónicamente como quien sabe hacer el *swish swish*.

Tampoco es que sea algo que se pueda practicar y con el tiempo te saldrá (no me refiero al *swish swish*, que por cierto, sigo en ello), es pura química. La atracción existe o no, y en esto las chicas somos muy intuitivas y lo sabemos desde el primer momento. Pero mi teoría es que cuanta mayor atracción mental se produzca, mayor atracción física. Una variable que se puede incrementar a medida que suméis conversaciones y quedadas.

Con esto quiero decirte que si físicamente no te encanta, pero hace comentarios inteligentes, es interesante y tiene gancho, dale una oportunidad. El físico no lo es todo para que surja la química.

CAPÍTULO 06

RELACIONES

Abrimos la caja de Pandora

Ríos de tinta se han vertido para hablar de las relaciones, llegando incluso a distorsionar el significado. Lo cierto es que cada relación es un mundo, así que no nos vendan la moto (en todo caso que nos la alquilen primero para probarla y ver si nos gusta).

SOBREVIVIR A LAS RELACIONES
para principiantes

¡Emergencia! Alguien ha reactivado el corazón. ¿Qué hacemos ahora?

Cerremos las compuertas para que nadie pueda entrar en la mente.

Ya es tarde. Tenemos dos manuales de actuación para estas situaciones: activar el protocolo de autosabotaje o reanudar el sistema y esperar a ver qué pasa.

¡Joder, qué monada! Enséñame otra foto.

¿Por qué nos alarmamos cuando sentimos algo por alguien? Obviamente es por aquello del miedo al rechazo. Aunque yo diría también que es porque está mal visto tener sentimientos. Veo un montón de *posts* virales con mensajes del tipo: «Quiero estar soltera, pero contigo» o «Quiero ser libre, pero compartida». ¿A que suena precioso? Pero eso no quita que en el trasfondo de estas frases haya un miedo arraigado, normalizado y generalizado a que se nos escapen en público nuestros pensamientos más edulcorados.

Tranquila. Dichosos aquellos con bichos metafóricos revoloteando por sus barrigas. En realidad, nos gusta sentirnos así, sobre todo cuando lo más romántico que has hecho en los últimos meses es correr detrás de un bus bajo la lluvia. Parece que has encontrado a alguien especial, así que celébralo y sigue leyendo.

Deja que todo fluya...
Y, sobre todo, nunca fuerces nada:
las amistades, los romances, las posturas de yoga...

Allí viene tu crush,
actúa con normalidad.
HEY, ¿QUÉ TAL?
¡Oxígeno!
Traed más oxígeno.

OFICIAMENTE ¡TENGO PAREJA!

#PaMalaYo pensabas mientras dejabas un mensaje en leído. Te reías de la villana de Narnia, lo tuyo era un corazón de hielo y lo demás eran tonterías... Eso hasta que apareció el ligue definitivo.

Pero si no sabes si es el momento de pasar de «tengo un rollo» a «esto va en serio», estas son algunas señales de que os gustáis más de lo que admitís:

01 **COMPARTÍS EL ESPACIO**

La república independiente de tu casa (o de la suya) se convierte un **territorio de bienes comunes.** Todo empieza con un pequeño despiste del tipo «ayer me dejé la funda de las gafas en tu casa» y en la siguiente quedada ya tienes preparado un hueco en el cajón de las braguitas para que tenga a mano ropa interior de recambio.

02 **SUEÑAS CON SUS ALLEGADOS**

Te sabes los nombres y las anécdotas de todos sus amigos íntimos y familiares, pero todavía no los has conocido en persona (aunque de manera inconsciente deseas hacerlo).

03 **TENÉIS VUESTRA PROPIA VERSIÓN DEL ESPERANTO**

Sin pretenderlo habéis creado un **código de comunicación exclusivo.** Vuestros mensajes de WhatsApp están llenos de emoticonos que solo vosotros entendéis lo que significan.

04 **CUALQUIER EXCUSA ES BUENA PARA PASAR TIEMPO JUNTOS**

Te sale o le sales con propuestas del estilo «He pensado que el miércoles es un buen día para ir a la exposición del buey almizclero al museo de la ciudad». Quizá no tengas ni el más remoto interés en la fauna canadiense, pero a ti te da igual porque vuestras quedadas te resultan emocionantes sin importar el día o la localización.

05 **PERDÉIS LA VERGÜENZA**

Y aquellas situaciones que te podrían dar pudor ahora son motivo de risa. Yo diría que en la escala del nivel de confianza está: 1. Que te vea con tus fajabragas, 2. Hacer el payaso conjuntamente en la ducha, 3. Desentenderte ocasionalmente de la tiranía de la depilación. Y, por último, 4. Compartir flatulencias. Hay pedos que suenan a «esto va en serio».

06 **HABLÁIS DEL FUTURO**

Un día cualquiera pasáis de preguntaros «¿Dónde vamos a cenar hoy?» a cuadrar en el calendario las entradas para el musical de la Gran Vía... en primavera. Si ya habláis de la ruta que haréis en caravana este verano pasando por Portugal, es más serio de lo que piensas.

07 **SOBREATENCIÓN**

Te sabes su número de pie, si es de Marvel o de DC, su extra de hamburguesa favorito y su amor platónico de la adolescencia.

OFICIALIZAR LA RELACIÓN

Modos de abordarlo

KAMIKAZE:
Tal cual. ¿Vamos en serio?

QUINCEAÑERA:
¿Quieres salir conmigo?

INVASIVO:
Te pillas un espacio en su armario, dejas tu cepillo de dientes en su casa y le propones un plan para las próximas vacaciones.

PSICO-KILLER:
Hacerlo oficial en Facebook.

RELACIONES ABIERTAS

Hay muchos tipos de relaciones, algunas fuera de lo que es considerado convencional. Es posible que veas a una persona, te guste y quieras pasar tiempo con ella, pero decidas que también te gustaría ver a otras a la vez. No pasa nada siempre y cuando vayas con la verdad de frente desde el principio y le cuentes que no quieres comprometerte en estos momentos. Puedes explicarle que cuando os veáis tendrá toda tu atención, pero que quizá otros días estés con otra gente. Las ventajas de este tipo de relación es que puedes quedarte con lo mejor de cada ligue: uno para cenar fuera, otro para Netflix & chill, otro para planes culturales, otro para ir a bailar salsa, otro para llamar el sábado por la noche...

Y no la quiero

Novio o novia, no novio o no novia, ligue, rollo... Los títulos están a la orden del día y los dilemas también. ¿Qué debes hacer cuando en una relación te sientes tan agobiada como un teletubbie en una cama de velcro? No creo que la respuesta correcta sea un moderno mutis por el foro, también conocido como *ghosting*.

Verás, como exconvicta del escapismo rehabilitada, aprendí a base de errores que comunicar lo que nos pasa es fundamental. Antes mi *modus operandi* de autosabotaje amoroso era muy básico: si no me gustaba algo, me marcaba una despedida al estilo Mago Pop sin dar la más mínima explicación. Una vez que se evaporaba el humo, el sujeto quedaba desconcertado y yo como una auténtica inmadura.

Sin embargo, en contraposición a aquellas que aguantáis al pie del cañón en las relaciones, opino que tampoco es sano estirar más el vínculo con la otra persona. ¿Para qué perder el tiempo? Reconozco que puedo estar equivocada, cada relación es un mundo y cada pareja es diferente. Por eso plantéate qué tipo de relación quieres tener tú. Todas las personas tienen defectos, las relaciones, también. No pretendas encontrar a alguien perfecto. Hemos quedado en que lo importante es codearte con gente cuyos defectos puedas tolerar.

No importa la duración de la relación o la intensidad con la que la hayas vivido. Todos los seres humanos merecemos sinceridad; además, las palabras reprimidas se pudren con el tiempo y se acaban convirtiendo en rencor, tensión, drama... Nuevamente, volvemos al tema de que hay que hablarlo todo con respeto, medir tus palabras y luego dejarlas fluir como palomas mensajeras.

Presentar tu nueva pareja a...

Tus amigos
Quítale hierro al asunto. Total, les has hablado tanto de esa persona que es casi como si ya la conocieran. No hace falta oficializar su introducción en tu círculo social como si fuera una puesta de largo. Basta con una quedada conjunta entre cañas y que parezca que ya es parte de la chupipandi.

Tu familia
Siempre has pensado que tu familia es de lo más pintoresca y el día que presentases a tu pareja iba a flipar. Quizá sí, o no, pero da igual porque ambas partes te quieren e intentarán verte feliz. Procura encontrar la fecha más oportuna para el encuentro. Tú conoces a tu familia mejor que nadie y sabes el día que es mejor evitar para no cruzarte con ese tío político tan pesado. Lo ideal es que no sea una fecha muy señalada del estilo Navidad o el cumpleaños de la abuela. Y a ser posible, intenta no llegar cuando estén todos borrachos.

No olvides a tus amigos

Es fantástico conocer a alguien y pasar tiempo juntos, pero recuerda que tus amigos estaban allí antes y estarán después si es que la relación termina. Dedícales tiempo de calidad y no los destierres al ratito que tienes para comer cerca de la oficina. Todos hemos tenido un colega que se echó novia y desapareció de la faz de la tierra; no te sumes a esa lista negra.

Los celos

Los celos no son buenos.
Nunca deberías dejar de hacer algo o de ver a alguien porque sabes que a tu pareja le va a sentar mal. **Siéntete libre siempre**.

Los cumpleaños

Cuando estás conociendo a alguien y es su cumpleaños, es una fecha muy delicada. ¿Irás a la fiesta que organiza con sus amigos? ¿Qué le regalas? Mi recomendación es que no te pases si lleváis poco tiempo (cualquier detalle hace ilusión cuando estáis empezando, no hace falta gastarte el sueldo en un regalo) y que optes por escuchar y captar alguna observación que haya hecho del estilo «Me encantan las madalenas» para llevarle algunas para desayunar o «Tengo muchas ganas de leer lo nuevo de Amélie Nothomb» para comprarle el libro.
Si no te ha dado pistas que te sirvan, no te arriesgues demasiado y monta una cita guay sin pasarte.

EL *SÍNDROME* DE ROSS GELLER

DEFINICIÓN:

Dícese de aquel sujeto que siente la necesidad compulsiva de sabotear sus relaciones amorosas.

CASO DE ESTUDIO:

Soy Ross Geller, de la serie *Friends*, y en 10 temporadas me casé y me divorcié 3 veces y tuve varios fracasos amorosos de diversa índole por la necesidad imperativa de mi personaje de sabotear mis relaciones.

El drama es como el aceite de palma, sabemos que no es sano, pero muchas de las ~~cosas~~ personas que nos gustan lo llevan. No quiero generalizar, pero mi entorno me ha demostrado que nos hemos convertido en «yonquis» de las tragedias teatrales. Y es que, además, hay determinados guiones cuyas funciones se repiten cíclicamente en la vida de una persona, aunque se cambie el casting de personajes o la escenografía. Las mismas escenas se reproducen infinidad de veces y el desenlace de la historia sigue resultando inesperado.

Estoy hablando del *Síndrome de Ross Geller.* Sucede cuando la persona no ve nada malo en la relación, encuentra un individuo «normal» que le gusta y de repente siente la irrefrenable necesidad de incluir un giro dramático a los acontecimientos.

No soy psicóloga, pero sí víctima de esta patología y mis terapias grupales de amigos me han enseñado que la mejor manera de tratarlo es con un lavado tóxico-emocional interno y esto empieza preguntándote: ¿por qué lo haces? o ¿por qué buscas siempre los mismos personajes? Puede que hasta aquí mi antídoto te resulte demasiado obvio para desarraigar un problema tan profundo. Todos sabemos que un constipado no se cura con un poleo menta.

Lo que debes hacer ahora es desempolvar el baúl de los recuerdos para buscar el origen de esa ansia por montar un numerito y mandarlo todo por ahí y empezar a conectar esos actos con la verdadera causa de todo esto. Mi recomendación es que lo pienses antes de que no haya marcha atrás con esa persona, no sea que mañana te arrepientas, aunque si sientes que es lo que tienes que hacer, adelante.

MALDITO EGO

No he conocido un enemigo más traidor que Ego. Me río yo de *Juego de Tronos*. El cabrón se pasa el día comparándome con otras, recordándome que nunca tendré el cuerpo de un maniquí, que soy tan patosa que tropiezo hasta con un teléfono inalámbrico, que estoy sola… E incluso me hizo creer que seguía pillada por mi ex cuando en realidad solo estaba aburrida.

Ya sé que a palabras necias, oídos sordos. Pero cuando resuenan en tu mente, taparte los oídos no sirve de nada. Al principio, le hacía caso para ver si así se callaba. Me levantaba temprano a correr (y no me refiero a las cortinas), empecé a comer sano dentro de mis posibilidades y también subía fotos en Instagram con cierto éxito para enorgullecer a Ego. Pero nada. El muy maruja siempre encontraba cómo flagelarme.

Daba igual si tenía o no pareja, amigos, dinero o éxito profesional. Él nunca tenía suficiente. Parecía un monstruo de cómic japonés que a medida que se alimentaba, crecía y crecía hasta destruirlo todo a su paso. No había forma de frenarlo, hasta que recordé el consejo que me dio la *iaia* en la guardería: «Si se burlan de ti, ríete tú también». Y eso hice con Ego.

Le empecé a contar mi vida riéndome de mis debilidades: que si no me entran los vaqueros, que si llevo unas pintas que «Ay, la Virgen», que si el momento más íntimo de la semana lo vivo con la Epilady… Y al poco tiempo, no veas tú qué mejoría. Con Ego tranquilo soy una mejor persona. Tampoco es que haya encontrado el nirvana, no nos engañemos. Ego tiene sus cosas, pero nuestra relación está pasando por su mejor momento y, en consecuencia, las relaciones con otros también. Incluso ligar se ha vuelvo más fácil. Hemos llegado a una especie de acuerdo en el que hemos aceptado que no siempre le podemos gustar a todo el mundo, que lo importante es gustarnos a nosotras mismas. Así que, por el bien de los dos, Ego acabó desistiendo, y yo comprendí que todo es mejor cuando te tomas las cosas con una actitud positiva.*

Y colorín colorado, esta chica ha ligado. O quizá no. Pero la chica y su ego vivieron felices y comieron perdices.

* Para descubrir más técnicas sobre cómo tomarte la vida por el lado bueno, lee *Fuera malos rollos para chicas con prisas.*

ME HE QUEDADO CON HAMBRE...
PUES ACOSTÚMBRATE, QUE TE HE PUESTO A DIETA.

LA WIKIDATING

Raffaella Carrà decía que «para hacer bien el amor hay que venir al sur». Pues 40 años después también hay que saber hablar inglés. Y no me refiero a expandir los límites territoriales, sino a estar a la vanguardia de los caprichosos anglicismos tinderianos. No pretendo hacer apología de ninguno de ellos, todo lo contrario. Pero vale la pena conocerlos para saber referirnos a los enjuiciamientos oportunos de cada situación.

- ***Breadcrumbing:*** si *breadcrumb* significa «migas de pan», desde luego el verbo derivado nada tiene que ver con la generosidad. Básicamente es darle el mínimo de atención a la otra persona.

- ***Benching:*** viene del inglés *bench* (banco) y significa el chupar banquillo de toda la vida. Es decir, observar el supuesto partidazo desde la distancia a la espera de que te deje entrar a la acción. Olvídate de eso. ¡TÚ eres TITULAR!

- ***Catch and release:*** el síndrome de aquellos a quienes les gusta perseguir a alguien, pero cuando por fin tienen a la persona en el saco, pierden el interés. Vamos, que les gusta más el reto que el premio y no quieren comprometerse.

- ***Cuffing season:*** es la temporada del año en la que somos más propensos a acurrucarnos. Se supone que durante los meses estivales nuestras relaciones son más fogosas, y cuando llega el invierno echamos en falta ese calor físico. Es por eso que con el frío las relaciones se vuelven más estables y duraderas. En realidad creo que es el tipo de calefacción más ecológica que

SOFÁ, PELI, MANTA Y YA SE VERÁ...

hay, una buena forma de mantenerte calentita y ahorrar energía.

- ***Cushioning:*** *cushion* significa «amortiguar». La metáfora está clara, consiste en tener un plan b que «amortigüe» una futura caída amorosa venidera.

- ***Daterview:*** del inglés *date* e *interview.* Es una cita que parece una entrevista de trabajo. La otra persona pregunta sobre tu carrera y tus intereses y parece que tengas que demostrar que eres «apta».

- ***Deal braker:*** los *deal breakers* son esos comentarios o gestos que implican que un ligue potencial se convierta automáticamente en un *Neeeeext.* Cada una tiene los suyos, puede ir desde que no sepa quién fue David Bowie a que masque chicle de un modo demasiado ruidoso.

- ***DTR:*** Son las siglas de *Define The Relationship.* En castellano se podría traducir como el temeroso «¿Qué somos?», que suena más inocente resumido en tres letras y pronunciado en inglés.

- ***Firedooring:*** Si bien *fire door* significa salida de emergencia, esta práctica consiste en que uno de los dos individuos se encuentra en un lado de una metáforica habitación con una puerta que solo puede abrirse en un sentido, mientras el que está siendo «*firedooringteando*» está en el fondo de la habitación sin puertas ni ventanas. Ya sé que esta explicación merece unos legos

para ser recreada, pero yo no tengo la culpa de que la gente sea cada vez más creativa a la hora de ponerle nombre a estas cosas. Básicamente es tener a alguien pillado mientras sabes que puedes escabullirte en cualquier momento.

- ***Friendzone:*** sinónimo de «pagafantas» en español. Que si por casualidad has llegado hasta aquí sin saber lo que significa, se trata de aquella persona que es relegada por otra a la categoría de amiga cuando en realidad aspira a algo más. Recientemente ha aparecido también el término *Brotherzone*.

- ***Ghosting:*** Ay con el *ghosting*… Se trata de marcarte una despedida a la francesa y desaparecer de la faz de la red súbitamente. ¿Qué fue de aquellos maravillosos años ochenta cuando los fantasmas se cazaban y no se imitaban? De verdad que me resulta insano. Protejamos la atmósfera del WhatsApp y STOP bombas de humo virtuales que contaminan. Intentemos ser virtualmente ecológicos y reciclemos las verdades que nos hemos olvidado decir.

- **Hacer un *Next*:** cuando una persona pasa descaradamente de otra.

- ***Haunting:*** Es la manera que tiene tu ex de decirte que está vivo. No todos tienen el morro de reaparecer en tu vida como Pedro por su casa. Hay quienes lo hacen de forma más sutil. Primero dándote *likes*, luego te comentan una foto, pasan a preguntarte qué es de tu vida y, cuando menos te lo esperas, has vuelto al punto de partida. Tú sabrás si merece la pena. Ahí lo dejo…

- ***Love bombing:*** significa bombardear a la otra persona con actos de amor espontáneos. Algo así como que se haga un selfi contigo sin venir a cuento y al segundo te veas mencionada en uno de sus *stories* con un filtro de corazones y flechas rodeándote la cara.

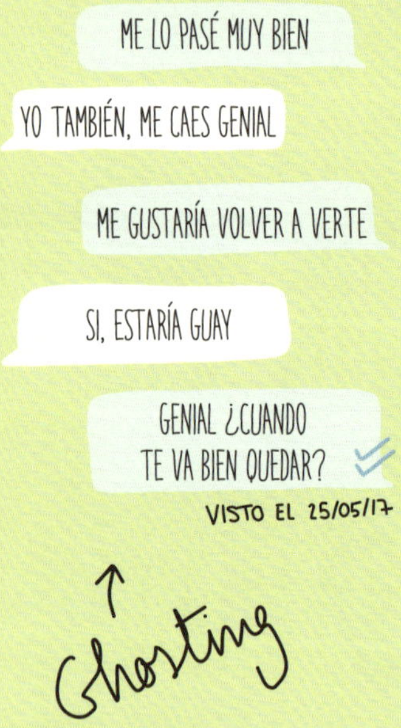

- ***Nonversation:*** básicamente, una conversación de ascensor a través de una app de *dating*. En ella se habla, pero no se dice nada y no llega a ningún lugar.

- ***Phubbing:*** Consiste en ignorar a la persona que tienes delante por estar mirando el móvil, una práctica muy habitual que va mucho más allá del *dating*. La palabra vine de la combinación entre *phone* (teléfono) y *snubbing* (ignorar).

- ***Slow fading:*** es como el *ghosting*, pero sin ser tan drástico. La persona en cuestión no desaparece del todo, al menos continúa contestando a los mensajes, pero siempre con una excusa para no quedar. Es obvio que ha perdido el interés, pero no lo admite para no quedar mal.

- ***Stashing:*** Se trata de la relación aparentemente idílica, pero en la que uno de los dos no hace oficial la relación. Por ejemplo, no te presenta a sus amigos, sube la foto de una playa donde habéis ido juntos y no hay ni rastro de ti, pasa el tiempo y su familia ni siquiera sabe de tu existencia, etc.

- ***Textlationship:*** Consiste en escribirte a todas horas con alguien a quien ni siquiera conoces y mantener, en cierto sentido, un tipo de relación platónica vía WhatsApp.

- ***Zombing:*** El virus Z también está presente en las prácticas de ligoteo. Hace referencia al clásico amor del pasado que ya había pasado a mejor vida, y cuando ya no te interesa, reaparece de entre los muertos con un «Hola, cuánto tiempo».

Seguro que te suena de algo la frase «Si buscas resultados diferentes, no hagas siempre lo mismo». Pero esta frase tiene trampa, pues la industria sexista nos engaña vendiéndonos una imagen del amor idílico recargada de filtros y atrezo. Imagino un García Márquez reencarnado en versión *millennial* hablando de *El amor en los tiempos del selfi* como una epidemia mucho más nociva para los románticos que el cólera.

Tener éxito, perder peso o tener un culo que levante botellas de champán como la ya mencionada Kim Kardashian está muy bien, pero todo esto nada tiene que ver con el amor. Entonces, ¿cuál es la clave para conseguirlo?

Bienaventuradas todas aquellas que han llegado a esta página y se preguntan: «¿Y ahora qué?». Pero lo que pase de aquí en adelante no es algo que te pueda predecir ni Rappel, ni el pulpo Paul ni aquí tu servidora. Todo depende de ti. Sin embargo, para empezar, puedes seguir los siguientes pasos:

01.
Activamos el radar.
Se puede ligar en cualquier sitio.

02.
Delimitamos unos requisitos mínimos.
En el mercado te encontrarás un sinfín de opciones.
Piensa primero qué buscas.

03.
Modo *Love yourself ON*.

04.
¡Que el fin del mundo te pille ligando!
Disfruta de todas las experiencias y déjate llevar.

RECORDATORIO:
Un buen futuro empieza por un buen presente.
Explota todas aquellas actividades que te hacen feliz, estando o no acompañada. Sal a correr, vete a un *spa*, cocina para ti…
Cualquiera es capaz de mantener el equilibrio en la proa de un barco sin necesidad de que Leonardo DiCaprio la sujete por la cintura.
Ante todo, disfruta de tu propia compañía.

Extra:

Recortables para llevar contigo
cuando salgas a ligar.

LOS 10 MANDAMIENTOS DEL *DATING*

01
SACARÁS TUS PROPIOS CRITERIOS Y NO TE DEJARÁS MALINFLUENCIAR

02
NUNCA RENUNCIARÁS A TU FORMA DE SER

03
LLEVARÁS SIEMPRE LA VERDAD POR DELANTE

04
RESPETARÁS Y TE HARÁS RESPETAR

05
NO HARÁS COMPARACIONES CON RELACIONES AJENAS

06
HONRARÁS LOS PEQUEÑOS DETALLES

07
NO DEJARÁS DE LADO A TUS AMIGOS

08
POSITIVIDAD POR BANDERA

09
RENEGARÁS DE TÓPICOS MACHISTAS

10
DE VEZ EN CUANDO TE DEJARÁS LLEVAR

VIVA LA VIDA♫

EXPEDIENTE DATING

NOMBRE DEL LIGUE ________________________________

N.° CITA ________________________________

LUGAR ______________________ DURACIÓN __________

	BUENO	NORMAL	MALO
NIVEL DE QUÍMICA			
FLUIDEZ DE LA CONVERSACIÓN			
N.° DE SILENCIOS INCÓMODOS			
NIVEL DE INICIATIVA			
CALIDAD DEL SENTIDO DEL HUMOR			
DESEO DE UNA SEGUNDA CITA			
GRADO DE SENSACIÓN DE COMODIDAD			
GRADO DE FRIKISMO			
OBSERVACIONES			

Rellena. Haz foto... ¡Y listo para compartir en el grupo de WhatsApp!

Georgina Gerónimo (Barcelona, 1993) es amante de los gatos, pero como de eso no se come, estudió Gráfica publicitaria en la Escola Massana e Ilustración en la BAU. En 2015 fue la ganadora de la Beca Connecta't al còmic y publicó su primer libro: *Miniblogger*, cuyas ilustraciones contienen un 100 % de sarcasmo y son libres de aceite de palma. En 2016 recibió una mención especial por la obra *Micromachismos Cuotidianos*, presentada en el Premi Jove de Còmic Sant Martí. Todo suena muy glamuroso, pero nos consta que diseña en pijama.

@minibloggers

Angélica Carbonell (Colombia, 1994). Cosecha del 94. Cultivada en Colombia, fermentada en Bélgica, criada en Valencia y embotellada en Madrid. Aunque cueste creerlo, le encanta el vino y viajar. El envoltorio a modo de diploma se lo dieron en la Universidad Europea al titularse en Periodismo y Comunicación Audiovisual. Ha trabajado en Mediaset España y en la productora de televisión de Jesús Calleja. *Dating para chicas con prisas* es su debut literario, fruto de un cargado bagaje sentimental y de utilizar su TFG como excusa para infiltrarse en la farándula editorial. Angélica también es una «Osa» #11 del Madrid Lacrosse, un deporte tan asociado a la ficción norteamericana como sus propias citas. Actualmente, realiza el máster en Producción de Televisión en el CEU para aprender a crear formatos de entretenimiento y ficción fuera de su vida amorosa.

@angiecarbonell

TÍTULOS DE LA COLECCIÓN

Comparte tus impresiones
en redes usando el *hashtag*:

#PARACHICASCONPRISAS